HEINZ GRILL

Das Ich-Werden und die Taube

Der Astralleib und der Rhythmus

Die Nieren und das feinstoffliche Luftelement

Copyright 2013 bei
Lammers-Koll-Verlag
Auricher Straße 10
D-71665 Vaihingen/Enz
Tel: +49 (0) 70 42 / 815 24 05
Fax: +49 (0) 70 42 / 815 24 04
e-mail: verlag@lammers-koll-verlag.de
www.lammers-koll-verlag.de
Web-Shop: www.yogabuecher.de

ISBN 978-3-941995-75-8

Alle Rechte vorbehalten.

Fotos: Archiv Lammers-Koll-Verlag

Satz: Regina Spirkl und Albert Wimmer
Druck: Projekte-Verlag Cornelius GmbH, 06112 Halle a. d. Saale

Inhalt

Das Ich-Werden und die Taube 5
Piemont, 20. 5. 2006

Der Astralleib und der Rhythmus 24
Piemont, 21. 5. 2006

Die Nieren und das feinstoffliche Luftelement 44
Arco, den 2. 11. 2005

Literaturhinweise 52

Autorenporträt 53

Heinz Grill

kapotāsana, Taube

Das Ich-Werden und die Taube

Piemont, 20.5.2006

Wir haben heute Vormittag darüber gesprochen, welcher wesentliche Unterschied dahingehend besteht, wenn eine Übung mehr in einer abgeschlossenen Form des Selbstempfindens praktiziert wird und im Gegensatz dazu eine Übung ausgestaltet wird in einem Bewusstsein des weltlichen und geistigen Offenseins. Die Formen des Übens können tatsächlich in unmittelbarem Sinne ein Geben oder ein sogenanntes Nehmen ausdrücken. Das Geben, das ein sehr umfassender Begriff ist, ist mit einer Hingabe zu den geistigen Welten und geistigen Wahrheiten verbunden. Diese Hingabe muss in praktischer, ehrlicher und konkreter Weise im Übenden zum Erkraften kommen.

Dieses sogenannte Geben lässt sich in der körperfreien, lichten, schönen, anziehenden und damit sympathischen Expression der *āsana* erkennen. Indem wir diese Begriffe nehmen, dass die *āsana* sympathisch ist, ist sie nicht im subjektiven Sinne nur einmal sympathisch, sondern sie ist tatsächlich von dem Lichtcharakter, den sie nach außen strahlt, heilsam, sympathisch und stellt auch eine seelische Wahrheit dar. Wenn die *āsana* eine seelische Wahrheit darstellt, dann darf sie in objektiver Hinsicht als schön bezeichnet werden.

Diesen Unterschied, der zwischen einer rückwärtsorientierten Praxis, einer orientierten Praxis, die zum Körper oder zu den Körperenergien ausgerichtet ist, zu einer körperfreien, zu einer vorwärtsgerichteten Praxis besteht, ist entscheidend groß und dieser muss von den Yoga-Unterrichtenden wie auch am besten von jedem ernsthaft Praktizierenden verstanden werden.

Anfangs, wenn jemand Yoga-*āsana* praktiziert, wird er durch das Neue das die *āsana* bietet, durch den Fluss, der durch Dehnung und

Entspannung angeregt wird, fasziniert sein und wird in der Regel immer eine etwas belebtere und angenehmere, gehobenere Stimmung spüren und vor allem wird er eine gesteigerte Energie bei sich wahrnehmen. Mit der Zeit aber, mit einem, zwei oder drei Jahren der Praxis verliert sich diese angenehme Stimmung und der Übende erlebt dann nichts anderes als ein Aufladen mit der Energie durch die Übung, die aber nur in seinem eigenen Innenleben existent ist. Er bemerkt nicht, wie Versuchungskräfte ihn durch die *prāṇa*-Energie, durch die körpereigenen Energien gefangen nehmen. Die Versuchung ist gerade ein Zeichen des geistigen Existentseins ahrimanischer Kräfte. Diese ahrimanischen Kräfte, oder auch unter Umständen luziferischen Kräfte, nehmen den Schüler gefangen, da er sie nicht auf dem rein exoterisch oder yogamonistisch angelegten Weg kennenlernt. Indem solche Kräfte wie ahrimanische oder luziferische Kräfte nicht wirklich bewusst angeschaut, bewusst erlebt werden, bewusst in Vergleichen zu gesunden geistigen Strömen erlebt werden, können sie den Praktizierenden langsam in ihre eigene egoistische und karmische Region hineinführen und ihn im eigenen Körper schließlich abschirmen.

Das Bild des Abgeschlossenseins einer Übung ist das häufigste Bild, das wir in allgemeinen Bereichen des Yoga-Übens vorfinden. Die Art der Yoga-Praxis, die Richtung, die Interpretationen, die verschiedenen Lehrsysteme die es gibt, geben nicht genügend Schutz, dass dieses Abgeschirmtsein, dieses Eingeschlossen-Werden in eine subjektive, nur im Körperlichen bestehende Energie, verhindert werden würde. Der Praktizierende, der Yoga-*āsana* in ernsthafter Hinsicht zu seinem Entwicklungsweg nützt, muss sich wirklich damit auseinandersetzen, was eine körperfreie und wirklich sympathische, gebende, klare und konkrete Ausstrahlung in der Expression einer Übung ist. Er muss dies auch im weiteren Sinne innerhalb der Meditationspraxis und innerhalb von sogenannten Seelenübungen leisten. Deshalb ist der elementare Schritt bei dem Praktizieren, es kennen zu lernen wann eine Übung antipathisch ist, das heißt in sich abgeschlossen, egozentriert, karmisch und vitalisierend ist und wann im Gegensatz dazu die Übung sich ruhig, mit klarer und freudiger Wesensstrahlung verkündet.

Das Ich-Werden und die Taube

Wir hatten hierzu das Beispiel der Taube praktiziert, *kapotāsana*. Die Taube kann in verschiedenen Phasen in die Arbeit des Yoga-Unterrichtes hineinfließen. Die erste Stellung, die wohl für alle Personen noch einigermaßen zugänglich ist, ist die Sitzhaltung im ausgedehnten Taubensitz. Diese Sitzhaltung, wie wir sie praktiziert haben, kann auch mit zusätzlichen Hilfsmitteln unterstützt werden, beispielsweise mit einer Decke die unter das Gesäß gelegt wird. In der Regel ist dann diese Sitzhaltung so einigermaßen auch noch für weniger geübte Personen zugänglich. Wenn wir diese Taubensitzhaltung praktizieren, dann finden wir darin das erste seelische Element, indem wir uns der ausfließenden Bewegung bewusst werden. Nicht nur technisch bis zu einem vollkommenen, stabilen Sitz wollen wir diese Stellung führen, sondern wir wollen das Erleben dahingehend prüfen und sublimieren, dass wir in der Bewegungsform das fließende Element wahrnehmen. Dieses fließende Element, das dem zweiten *cakra* entspricht, kennzeichnet sich auch dahingehend, dass die Empfindung bodennah, wie flächenförmig empfunden wird. Es ist eine lebendige, angenehme, sensitive, wohltuende Empfindung, die sich auf verbindende Weise vom Körper zum Boden, zum horizontalen Prinzip der Fläche entwickelt. Wir spüren uns vom Körper zu dem Flächenhaften des Bodens sehr nah. Diese Empfindung soll gezielt in das Bewusstsein rücken, da sie eine seelische Empfindung ist.

Der Einwand kann nun von kritischer Warte erfolgen und es kann beispielsweise die Frage entstehen, warum sei es denn eine so wichtige Empfindung, dieses fließende, bodennahe und auch auf der Fläche sich ausdehnende Gefühl zu spüren. Warum legen wir denn auf so ein nicht unbedingt sogleich enthusiastisches Gefühl, sondern nur auf ein subtiles Gefühl so großen Wert? Was hat dieses Gefühl mit der Seele zu tun? Verstehen wir denn den Begriff Seele tatsächlich als etwas so Dünnes, dass wir relativ ungreifbare feine Empfindungen in die Mitte rücken müssen?

Die Antwort auf diese kritische Frage ist in folgende Richtung zu charakterisieren: Indem wir dieses verbindende Gefühl mit dem Flächenhaften spüren, spüren wir auch deutlicher, dass es tatsächlich im

Leben ein Existentsein in der sogenannten horizontalen Ausdehnung gibt. Wir spüren aber darüber hinaus auch das Wesen des Verbundenseins. Dieses Wesen des Verbundenseins ist entscheidend wichtig, da es zu einem geistigen und seelischen Dasein gehört, das wir mit dem Merkur bezeichnen. Der Merkur ist derjenige Planet, der uns geradewegs in diese Art der Verbindung führt. Wir spüren das Verbundensein mit den Elementen, beispielsweise auch mit der Fläche des Bodens. Indem wir auf diese subtile Empfindung achten in der Vorbereitung zu *kapotāsana,* in der Sitzhaltung, spüren wir eigentlich nichts anderes wie das kosmische Gefühl, das eigentlich sehnsüchtig in der Merkurregion wartet. Wir empfinden den geistigen Strom, die Art Sehnsucht der geistigen Merkurstrahlen. Deshalb achten wir auf dieses verbindende und fließende Gefühl. Technisch gesehen wird dieses verbindende und fließende Empfinden in den Beinen erlebt, indem darauf geachtet wird, dass einerseits eine Ausdehnung stattfindet und andererseits aber wieder ein Zurückströmen, und zwar ein Zurückströmen in spezieller Hinsicht in die Richtung des Becken- oder Kreuzbeinbereiches, das sich dort in diesem unteren Körper im Sinne einer leichten Kontraktion der gesamten Muskulatur äußert.

Schematisch können wir diese Bewegung in einem Tafelbild aufzeichnen. Schematisch können wir sagen, es fließt der Äther diese Bewegungsrichtung entlang, von oben oder von einem Zentrum ausgehend in die Horizontale. Mit dieser ausfließenden Bewegung, damit sie sich vervollständigt ist eine zweite Bewegung verbunden, die wir etwa mit einer Art Rückwärtstendenz bezeichnen können, sodass sie sich tendenziell zu dem Ort wo sie ausfließt wieder festigend zurücksammelt. Wenn wir dieses Zeichen nehmen, dann kommen wir damit tatsächlich zu dem Wesen des Merkurialen, das ist die Energiebewegung die dem Merkur entspricht. Der Merkur zählt zu den sieben Hauptplaneten und er führt uns in eine ganz bestimmte seelische Region der verbindenden und stärkenden Bewegungsdynamik hinein. Diese seelische Region dürfen wir als das Verbinden der verschiedenen Elemente erkennen.

svadhiṣṭhāna cakra

Kontraktion

ausfließende Beindynamik

20.5.06

Aus diesem Grunde schaffen wir in der *āsana* nichts anderes, als dass wir das was im Kosmos lebt mit Hilfe verschiedener Gedanken, die wir zu Gefühlen weiterentwickeln, umsetzen. Das, was im Kosmos ist, das ist eine seelische Strahlkraft und zugleich auch wirkliche empfindende Ausstrahlung. Wir nähern uns diesem Gefühl an und setzen es in die *āsana* hinein um. Wir kreieren dieses Gefühl in der *āsana* und gehen schließlich mit der gesamten Aufmerksamkeit in diese Stimmung des Fließens und Zusammenziehens des berührenden Flächengefühls hinein. Wir gehen aber nicht hinein in die bekannten, vitalen, alten oder energiegebundenen Gefühle des Körpers, sondern wir gehen hinein in das kreierende Gefühl, in das neu hinzugeführte empfindsame Bewusstsein, das ist der Unterschied. Wenn wir nun dieses neue, viel aufmerksamere Gefühl nicht erzeugen und auch keine anderen weiteren wahren, zugehörigen Gefühle, dann bleibt nichts anderes übrig als dass wir uns nur rückwärts entwickeln entsprechend der Gewohnheit, der *prāṇa*-Ströme, der vorhandenen Energien und wir erleben, ohne dass wir das wissen, nur die verschiedenen Ausdrucksformen unseres eigenen *karma*.

Indem aber diese bestimmten, aus Imaginationen gewonnenen Gefühle in die *āsana* mit hinein genommen werden, gewinnt die Übung einen neuen Erlebensgrad. Wir gehen dann nicht hinein oder zurück in unseren Körper, sondern wir gehen gewissermaßen dort hinein, wo wir den Merkur im Bewusstsein erdenken können. In diese kosmische, neu hinzu kommende, freie Region gehen wir hinein, in diesem wesensfreudigen, leichten und lichten Gefühl entwickeln wir uns vorwärts. Es ist damit ein kreatives Gefühl und nicht ein Übernehmen von alten Strömen, die nur freigesetzt werden durch die Übung. So schaffen wir nicht neues *karma*, sondern wir entwickeln neue, bisher nicht entdeckte und freie Lebenskraft. Wir entwickeln tatsächlich eine förderliche Substanzkraft, die sich im Kosmos wartend befindet und die wir nun mit Hilfe der Übung in eine erste Art der Übungssynthese entwickeln.

Sehr erwähnenswert für die imaginative Deutung der Übung *kapotāsana* ist die Betrachtung der horizontalen Richtung mit der Vertikalen, jener beiden Achsen, in denen sich die Bewegung ereignet. Wir sind in unserem Leben in erster Linie ausgerichtet auf das sogenannte Geistleben und tragen auf diese Weise das Haupt ganz oben. Indem wir aber ein Stoffwechsel-Gliedmaßensystem besitzen, gleiten wir immerfort hinein in das irdische Dasein. Wir verbinden uns ganz besonders mit dem Gliedmaßensystem mit den verschiedensten Elementen dieser Welt.

Das horizontale und das vertikale Prinzip beschreiben damit die Entwicklungsstufe der Erde, die sich ausdrückt in einer ganz deutlichen Kreuzesform. Das Kreuz ist die Bezeichnung für das irdische Leben. Dieses Kreuz, das manchmal einen etwas negativen Klang, einen sogenannten negativen Beigeschmack von der Kreuzigung trägt und auch von den verschiedenen Geschichten die sich um das Kreuz, um den Kreuzweg des Lebens kleiden, ist aber dahingehend mit der Anforderung gekennzeichnet, dass sich beide Ströme verbinden müssen. Das Oben und das Unten oder das irdische und das geistige Dasein wollen im Erdenleben eine Begegnung erhalten. Es müssen sich zwei Welten miteinander verbinden. In der Kreuzform jedoch begegnen sich nur die Welten, sie verbinden sich noch nicht wirklich. Wir können das Symbol des Kreuzes etwa interpretieren, indem wir sagen, es ist mit seinem Zeichen eine Berührung und auch eine Fixierung von beiden Dimensionen des Seins, aber es ist noch nicht eine reale Synthese dieser Welten durch das Ich gegeben.

Die Synthese von irdischer und geistiger Welt kann aber ganz besonders im Bild der Taube einen Ausdruck nehmen. Eine Synthese ist niemals eine bloße Vereinigung zweier polarer Gegensätze oder einer synkretistischen Vermischung von verschiedenen Gedankeninhalten, beispielsweise von philosophischen, weltanschaulichen und praktischen Gedanken. Eine wirkliche Synthese setzt sich durch das Bewusstsein des transformierenden Menschen frei. Wir können davon ausgehen, dass es niemals auf der herkömmlichen Stufe, auf der wir uns befinden, eine wirklich zufriedenstellende Verbindung von den verschiedenen Gegensätzen die sich im Leben ereignen, geben kann. Die Verbindung erfordert einen Aufstieg auf nächsthöhere mentale und kreative Stufen des Daseins. Diesen Aufstieg finden wir bereits in der Ausführung der Taube.

Wir können diesen Weg des Aufstieges dahingehend beschreiben, indem wir zunächst einmal die Sitzhaltung einnehmen und in der Sitzhaltung uns einem angenehmen, fließenden Berührungserleben zum Erdboden annähern. Aus diesem Ausfließen und auch feinen Kontrahieren hinein in den Beckenbodenbereich kann als nächster Schritt das sensible und doch immer freier werdende Aufrichten der Wirbelsäule erzeugt werden. Dieses Aufrichten der Wirbelsäule gelingt meistens infolge der noch inperfekten Sitzhaltung schwer. Es ist wahrlich ein Erlebnis des Kreuzes vorherrschend. Es kann aber langsam die Sitzhaltung weicher werden, mehr in das Fließen kommen und schließlich daran das Aufrichten immer besser perfektioniert werden. Mit zunehmender Übung erlebt der Ausführende das Kreuz angenehmer. Es bleibt jedoch zu einem gewissen Grade ein Kreuz. Indem dieses Aufrichten sich langsam ordnet und die ganze Körperstellung auch langsam gerader wird, entsteht aber, und das ist das Wesentliche, schließlich ein Gefühl für dieses Zusammenwirken von einem oberen oder vertikalen Menschen zu einem horizontalen Menschen. Dieses Gefühl spüren wir am eindrucksvollsten in dieser Taubenstellung, in *kapotāsana*, dieses Gefühl, dass tatsächlich zwei Dimensionen sich miteinander nach und nach harmonisch verbinden wollen, das vertikale und das horizontale Prinzip. Da es aber noch nicht zu einer zufriedenstellenden Synthese kommt, wenn wir uns nur einmal aufrichten, sondern es noch zu einer wirklichen, klareren, ästhetischen und gehobeneren Verbindung kommen soll, sind weitere Schritte in der Übung wichtig.

Bei der Ausführung von *kapotāsana* mit einer einigermaßen guten Sitzhaltung kann schließlich der gleichseitige Arm zu dem Fuß, der nach vorne gestreckt ist, über den Kopf geführt werden und damit kann eine Andeutung eines Kreises oder eines Art Halbmondes erfolgen. Es kann die Bewegung in geschwungener Weise nach oben geführt werden. Am besten so, dass von unten nach oben der Arm kreisförmig hochsteigt und sich dann in einer Sichelform über dem Kopfe zeigt. Indem wir auf diese Weise die Bewegung andeuten, nähern wir uns dem Wesen des gehobeneren Verstandes an. Der Kreis ist Sinnbild des Selbstes. Dieses Selbst bleibt aber nicht in der ursprünglichen Lage, sondern es erhebt sich gewissermaßen über oder oberhalb der Sitzhaltung. Somit ist dieses Selbst freier, leichter und es ist auf eine Dimension angehoben, die dem Astralleib ganz besonders ein Glücksgefühl bereitet. Indem wir nämlich diesen Kreis oder die Andeutung eines Selbstes kreieren, erlebt im Innersten die Seele, also das Bewusstsein oder wir können sagen der Astralleib, ein erstes Glücksgefühl. Das Glücksgefühl drängt sich nur nicht offensichtlich in das Bewusstsein, denn das Glücksgefühl bleibt unter der Schwelle des Gewahrseins und noch sind die Ablenkungen von körperlicher Seite so groß, dass dieses wirkliche seelische Empfinden, diese erste Andeutung von einem *ānanda*, nicht realisiert werden kann.

Die Taube aber kann schließlich in den Graden der Perfektion weiter vervollkommnet werden, wenn die Beweglichkeit besteht, sodass sich schließlich auf einer höheren Stufe eine ganz neue Form herausentwickelt. Es ist aus dieser Kreuzform die Möglichkeit des ganzen geschlossenen Kreises zu bilden möglich. Es entsteht damit nicht das Kreuz, sondern es entsteht eine Flächenform und aus dieser Flächenform entsteht schließlich die Rundung. Wir sehen dann, dass sich zwei Elemente miteinander verbinden. Es wäre gewissermaßen, wenn wir das Kreuz weiter nach rückwärts ergänzen, dass wir diese Bewegung erweitern und sie schließlich herüberführen, sodass nicht mehr nur ein schroffer, starrer, eckiger Berührungspunkt der beiden Linien, der Horizontalen und der Vertikalen verbleibt, sondern sich eine erste Einheit herskizziert.

Taube, Kapotāsana

vertikal

horizontal

das Kreuz, die Erde

Synthese

*Der Kreis
das Selbst
der atman*

20. 05. 2006

Sitzhaltung in Ausdehnung am Boden

Das Ich-Werden und die Taube

Aufrichten in die Vertikale

Erste Formung eines Kreises

Das Ich-Werden und die Taube

In der Endstellung, die sehr fortgeschritten ist,
ruhen die Beine am Boden, der Kreis ist nun geschlossen.

Indem auf diese Weise Bewegung erlebt wird, wird sie kosmisch erlebt, wird sie nach inneren Gesetzmäßigkeiten erlebt. Dieses Erleben der Rundung über dem horizontalen Prinzip, über den ausgegossenen, ausgeflossenen Ätherströmen in den Beinen, gibt schließlich das Gefühl eines Glückes. Wir sind in der Taube seelisch gesehen glücklich, da wir bemerken dass dieses höhere Selbst auf einer Stufe des angehobenen, veredelten Lebens möglich ist. Diese Stellung kann deshalb seelisch durchdrungen werden bis in eine Stufe des bewussten Gedankens zu einem Ich. In der Taube kreieren wir nichts anderes als wie das einmal kommende Bewusstsein und die einmal wartende Erfahrung des Ich in einer Synthese. Nichts anderes schafft derjenige, der die Taube praktiziert, als dass er eine zukünftige Dimension, die auf den Menschen wartet, in künstlerischer Hinsicht erzeugt.

So bereiten wir uns mit diesen Gedanken auf ein Erleben, das gegenwärtig noch nicht unbedingt in die ganze Reife und Klarheit des Bewusstseins hereintreten kann, vor. Indem wir aber dennoch diese Gedanken heute pflegen und uns an den verschiedenen Möglichkeiten der Ausführung der Taube erfreuen, sei es an einfacheren Möglichkeiten mit nur einer sichelförmigen Bewegung der Arme über den Kopf hinaus oder sei es mit einer schon etwas perfekteren Ausführung, oder sei es, dass wir nur ein Bild von der Taube sehen, es erkennend untersuchen, erleben, erreichen wir zutiefst ein innerstes Bewusstsein, dass einmal das, was in der Form des Körpers beschrieben wird, zum menschlichen Ausdruck, zu einer Art seelischem Bild einmal gehoben wird.

Auf diese Weise gehen wir nämlich nicht mehr in unsere Körperenergien zurück, in eine Art seelische Regression, sondern wir werden schaffend, kreativ. Wir können auf diese Weise nur nach vorne gehen, wir gehen nicht zurück in unser *karma*. Indem wir auf diese Weise praktizieren und Inhalte in die Übung hineinlegen, die Inhalte pflegen, die Inhalte überdenken, die Inhalte schließlich so koordinierend schaffen und erleuchten, dass sie einmal verstanden werden im Sinne eines bestehenden kosmischen Existentseins, geben wir an die geistige Welt eine tiefe schöpferische Kraft ab. Wir erfreuen mit Energie oder mit einem erstrahlenden Licht die geistige Welt. Wir bereiten bereits eine Dimension vor, die heute noch gar nicht richtig fassbar ist, die aber in der Zukunft, die nicht gar zu weit entfernt ist, fassbar sein wird. Das Praktizieren in diesem Sinne ist deshalb im Moment nicht unbedingt emotional hinwegreißend, nicht unbedingt etwas Enthusiastisierendes, sondern es ist vielleicht nur einmal eine gewisse Ahnung von dem gegeben, dass die Inhalte schön und wahr sind. Es wird aber für die geistigen Welten geradewegs eine Freude lebendig, wenn wir mit jenen imaginativen Gedankeninhalten praktizieren, dass glückliche Phasen, Glücksgefühle doch noch heimlich in unserer eigenen Seele aufkommen.

Es ist außerordentlich wichtig, dass in der *āsana*-Praxis nicht das Abgeschlossensein eines Selbstes, das bisher bestanden hat und das wir gewissermaßen konservierend mit den Übungen pflegen, aufgesucht wird, sondern dass wir in der *āsana*-Praxis uns kosmisch-geistigen Formen annähern. Diese Bedeutung lege ich deshalb in die Ausführung hinein, da diese genau gewählten Gedanken es verständlich machen welche deutliche geistige Dimension ich damit meine, dass man aus Imaginationen praktizieren soll und die *āsana* nach jenen Gedanken, die der Seele inniglich verwandt sind, erleben lernen sollte. Man soll nicht *āsana* praktizieren nach jenen Elementen des mehr materiellen Gewinnens von Energie oder nach dem Hecheln nach einem angenommen Selbst, das es aber in diesen Regionen gar nicht gibt.

Ansicht aus der Rückenstreckung.
Die Beine gleiten dynamisch am Boden entlang.

Das Ich-Werden und die Taube

Formung des Kreises, der Rücken wölbt sich,
der Arm beschreibt eine Sichel.

Der Fuß wird über dem Kopf gegriffen

Das Ich-Werden und die Taube

Vollständige Ausführung *kapotāsana*

Der Astralleib und der Rhythmus

Piemont, 21.5.2006

Der Begriff des Rhythmus ist für den Astralleib von wichtigster, ausschlaggebender Bedeutung. Alles das was im Astralleib vor sich geht, folgt Rhythmen. So wie der Sternenkosmos in vielseitigsten aber wohlgeordneten Rhythmen ausgerichtet ist, so ist auch das menschliche Leben innerhalb des gefühlsorientierten und empfindsamen Eingeordnetseins, zu dem das Bewusstsein gehört, nach rhythmischen, klaren Prinzipien geordnet. Unser Dasein verläuft in Rhythmen. Es gibt einfachere, nachvollziehbare und damit sehr gut messbare Rhythmen und es gibt tiefere Rhythmen, verborgenere Rhythmen, die schwer messbar sind und sich deshalb meist auch der konkreten Beobachtung entziehen.

Innerhalb dem Yoga-Üben, dem Praktizieren von *āsana*-Übungen folgen wir möglichst günstigen Rhythmen. Wir praktizieren beispielsweise die Übungen regelmäßig, zur gleichen Zeit. Die einfachsten oder die elementarsten praktischen Rhythmen sind diejenigen, dass wir beispielsweise Stellungen, die nach der physischen Ordnung zusammen gehören, aneinander reihen. Beispielsweise können wir vorwärtsbeugende Übungen hintereinander aufbauen, damit wir die vorwärtsbeugende Dynamik nach und nach weiter entwickeln. Diese ganz einfache rhythmische Ordnung gemäß dem physischen Leibe ist sicher die wohlbekannteste und einfachste. Sie lehnt sich ganz an die Möglichkeiten an, die die Physis selbst anbietet.

Die eigentliche und tiefere, wahrere, rhythmische Ordnung liegt jedoch in dem Bewusstsein selbst und in dem verborgenen, sehnsüchtigen Hoffen dieses inneren Teiles, der nach den höchsten Prinzipien oder nach der höchsten Erkraftung strebt. Das Bewusstsein will allumfassend werden, es will vollkommen werden, sich einheitlich erleben. Dieses Bewusstsein, das wir in uns tragen, es ist nach der profunden Deutung das Glied des *cit*, ist nach tiefsten Intelligenzen geordnet und ist in einer beständig bewegten Dynamik. Diese Dynamik, die in uns abläuft, die ganz naturgemäß immerfort gegeben ist, sowohl im irdischen Leben als auch sogar im nachtodlichen Leben, trägt in sich jene Rhythmen, die dahingehend ausgerichtet sind, dass ein vollkommeneres, einheitliches Dasein erlebt werden soll. Es ist diese Intelligenz in dieses Bewusstsein, das wir in uns tragen, zentral eingraviert.

Deshalb ist eine Art rhythmische Willensanforderung beständig in unserem Leben gegeben, die wir aber kaum einsehen können, da wir durch äußere Zeitrhythmen, physisch auferlegte Rhythmen und allgemeine, gesellschaftlich bedingte Rhythmen abgelenkt sind. Wenn es uns gelingt, dass wir einmal die äußeren, oberflächlichen Rhythmen nicht gar so sehr als die wichtigste Priorität im Leben nehmen und uns einer tieferen, beschaulicheren, meditativen Stimmung hingeben, die in uns mit einer inniglichen Kraft angelegt ist, dann werden wir eine Entdeckung machen die ganz wesentlich ist für das gesamte aufbauende und aktivierende Dasein des möglichen Willens.

Wir hatten den Pflug am gestrigen Tage praktiziert. Bei der Stellung des Pfluges wurde bereits darüber gesprochen, wie die Bewegung in sich selbst eine feine, wohlgeordnete Rhythmik aufweist. Diese wohlgeordnete und angenehme Rhythmik ergibt sich, da einmal der Körper in einer ganz außergewöhnlichen, aber doch nicht ganz verkehrten Lage liegt. Es ist aller stoffwechselorientierter Willensteil oben und der Kopfbereich unten. So ist der Wille gewissermaßen dem Kosmos näher, er liegt mit seinem Feuer oben und der Kopf ist der Erde näher, er liegt unten. Das ist eine Ordnung, die wir gemäß eines inneren Standpunktes als zutreffend bezeichnen können, im Sinne des äußeren Lebens aber ist die Ordnung geradewegs eine Umkehrung. Im Pflug sind wir deshalb eigentlich günstig geordnet, aber wir sind gegenüber dem äußeren Leben im wahrsten Sinne umgekehrt. Diese Umkehrung müssen wir einmal beachten.

Beginnende dynamische Phase in *halāsana*

Der Astralleib und der Rhythmus

Der Körper wird sowohl mit dem Bein als
auch mit den Armen dynamisch und leicht aus
der Mitte des Zentrums gestreckt.

Die Beine gleiten geführt zum Boden,
die Arme nach rückwärts

Der Astralleib und der Rhythmus

In der Endstellung zentriert sich der Körper noch einmal im *maṇipūra-cakra*, während Arme und Beine in die Spannkraft sanft ausgleiten.

Weiterhin ist auch die Aufmerksamkeit darauf gewendet gewesen, dass beim Pflug eine Bewegung stattfindet, die normalerweise niemals getätigt wird, es ist diese Bewegung von dem Rücken abwärts hinein in eine Ausdehnung der Beine. Diese Bewegung, die wir in der stehenden Haltung kaum oder nicht nennenswert praktizieren, die wir auch infolge der bequemen Gewohnheiten wenig im Sitzen oder im Liegen ausführen, ist beim Pflug relativ deutlich in einer großen oder wesentlichen Dynamik begriffen. Hinzu kommt zu dieser ungewöhnlichen Bewegung mit den Beinen auch eine Art komplementäre Bewegung von den Armen, die diese Stellung dadurch in der Form vervollständigt. So bewegen sich die Beine in eine Ausdehnung über den Kopf hinweg und gleichzeitig führt der Übende auch die Arme hinüber am Boden entlang, gewissermaßen mit gleichmäßig ausdehnenden Spannungen ergänzend.

Das Zentrum beim Pflug bleibt das Sonnengeflecht, *maṇipūra-cakra*, das Zentrum das in sich voller Feuer oder voller Willenskraft ist. Der Wille dehnt sich aus in diese beiden Richtungen, sowohl über den Kopf hinweg als auch nach rückwärts mit den Armen, der Körper ruht dabei solide mit dem Kopf am Boden. Es ist ein schönes Dreieck, das sich in der Formgestalt ergibt, da die Stellung innerhalb dreier Punkte aufgegliedert ist. Die rhythmische Dynamik, die sich innerhalb einer solchen Bewegung ergibt, ist jene, dass sich die erste Bewegung mit der zweiten sinnvoll ergänzt. Wir erleben bei dieser rhythmischen Dynamik eine Form der Sympathie oder ein Gefühl, das wir als Harmoniegefühl bezeichnen können. Gleichzeitig erleben wir auch eine feine Kraftumsetzung, die sich nicht auf vitaler Ebene sogleich äußert, sondern sich mehr inniglich, mehr beschaulich gegenüber dem Seelenleben ausspricht.

Es wurde gestern hinzu gesagt, dass wir normalerweise auf diese feine rhythmische und damit ergänzende Bewegungsdynamik gar nicht so sehr achten und somit auch die wesentlichste Empfindung eines wohlgeordneten, harmonischen, sensiblen, neurogenen Zusammenhangs nicht erspüren, aber es ist dennoch mit diesem kombinierten, sich aufladenden, progressiven Bewegungsspiel gegeben, dass diese angenehme Ordnung eine wirkliche Kraft freisetzt. Im äußeren

Leben achten wir darauf zu wenig. Wir achten gewöhnlicherweise während der Übungen mehr auf die vitalen Energien, aber nicht auf ihre verborgene, fast mysteriöse, seelische, feine Wirkung.

Würden wir einmal das Bild vergleichen, wie wir es außerhalb des Körpers erleben, beispielsweise so wie wenn eine verstorbene Person als eine Seele die aus dem Geistigen zu uns hereinblickt, diese Pflugstellung betrachtet, so würden wir sofort eine andere Stimmung wahrnehmen. Der Verstorbene wird bei der Ausführung dieser rhythmischen Ordnung, wenn sie genau so ausgeführt wird wie wir das gestern gemacht haben, eine Art Glücksgefühl erleben. Er muss sich förmlich glücklich fühlen. Gleichzeitig kann er auch bemerken, wie ein gesundheitlicher Aufbau über dem wohlgeordneten Willen stattfindet, ganz besonders, da sich der Wille auf rechte Weise eingliedert in das Gesamtgefüge des Leibes. Wenn der Wille in sich selbst nach kosmischen Kriterien wohl getätigt wird, entwickelt sich ein feiner, aber sehr angenehm wirkender Aufbau für die Gesundheit. Es entsteht eine innere Progressivität. Diese Bedeutung würde derjenige, der aus einem Jenseitigen heraus die Stellung beobachtet, wahrnehmen. Es würde ganz besonders aus dem körperfreien Bewusstsein mehr die wahrere oder die tiefere Wirkung des Pfluges erlebt werden.

Diese rhythmische Ordnung zu erspüren, ist eine recht angenehme und wichtige Aufgabe für den, der sich mit feinstofflichen Verhältnissen und metaphysischen Strukturen auseinandersetzt. Es wird eine innere Progressivität erspürt, die ganz wichtig ist für die gesamte kosmische Ordnung. Diese kosmische Ordnung, die im Innersten des Leibes gegeben ist, wird in der Regel durch das Verhalten unserer eigenen Seelenstimmungen, unseres eigenen Denkens, unseres Fühlens und unseres Willens pausenlos gestört. Wenn wir den Pflug aber auf diese exakte, angeleitete Weise ausführen, treten wir einem kosmischen Ordnungsgefühl auf feinste und intensive Weise näher und erleben uns im inneren Bewusstsein progressiv.

Ganz besonders deutlich wird die rhythmische Ordnung aber auch in dem weiteren Kurzzyklus von *anantāsana*, dem liegenden Dreieck, der seinen Abschluss nimmt in der Bogenstellung, *dhanurāsana*. Indem wir beispielsweise dreimal dieses liegende Dreieck praktizieren, auf jede Seite wechselweise und dann auf gut geordnete, klare Weise in den Bogen hineingehen, bemerken wir, dass wir etwas feiner, substantieller bereits eine willentliche Kraft zur Verfügung haben, um in diese Bogenstellung auch hineinzufinden. In der Regel finden wir gerade durch das liegende Dreieck leichter hinein in die Bogenstellung. Obwohl diese beiden Stellungen auf den ersten Blick, auf den äußeren Blick, beispielsweise auf den formalen Dehnungscharakter gesehen, nichts miteinander zu tun haben, ist dennoch bei diesen eine Art innere Übereinstimmung oder zumindestens eine förderliche Ergänzung gegeben. Wir praktizieren dieses liegende Dreieck und sammeln uns dann weitaus intensiver, lebendiger, dynamischer in der Bogenstellung.

Was geschieht auf dem inneren Weg wenn wir diese Stellungen ausführen? Es ist eine Ordnung, die über die Übung im Astralleib einmal angeregt wird, wenn wir in einer solchen Art von Aufbauweise praktizieren. Die Übungen ergänzen sich nicht von der äußeren Form, sondern mehr von dem, was als inneres Begehren, inneres Verlangen im Astralleib wirksam wird. Es ist gewissermaßen ein inneres Begehren, das sich dann vom liegenden Dreieck bis hin zur Bogenstellung ergibt. Wir können sagen, äußerlich gesehen würden wir niemals auf die Idee kommen auf das liegende Dreieck den Bogen zu praktizieren, wenn wir nicht bereits an einen solchen Übungszyklus gewöhnt sind. Inniglich gesehen aber schließt sich ein unmittelbarer Begehrens-, Willens- und Bewegungsdrang an, aus der Natur des Astralischen selbst, dass wir aufgrund dieser lateralen Ausdehnung nun eine gediegene, in sich sammelnde, zentrierende Wirkung im Bogen erzeugen. Wir folgen damit der Natur des Begehrensdranges des Astralleibes. Diese Natur des Begehrensdranges des Astralleibes ist dahingehend ausgerichtet, dass dieser Astralleib eine Einheit finden möchte, eine Harmonie mit einem Unendlichen erzeugen möchte. Gleichzeitig ist in diesem Astralleib das Ich oder das sogenannte Selbst tätig.

Was möchte deshalb dieses Begehren einmal erreichen? Es möchte in Wirklichkeit der Wärme näher kommen. Das, was sich in den Übungen zeigt, ist eine tiefe Sehnsucht, ein tiefes Drängen, ein Wollen nach dem was Wärme selbst ist, was Wärme und Liebe darstellen. Indem wir auf diese Weise praktizieren, wollen wir zunehmend ein Ich erzeugen und wir erleben uns in der glücklichen, seelischen Einkehr der Progressivität des Bewusstseins. Nehmen wir einmal ein Beispiel, damit wir dieses Erleben, das sich in der Tiefe des *maṇipūra-cakra* ständig ereignet, besser und genauer erfassen können.

Alle wissen wir, wie schwierig es ist mit der Kindererziehung, denn die Kinder werden in der Regel immer dasjenige praktizieren, das die Eltern nicht gerne sehen. Für Eltern ist es schwierig, Kinder auf diese Weise so zu erziehen, dass sie auch den Wünschen des familiären und später des gesellschaftlichen Lebens gerecht werden. Im Sinne der normalen Erziehungsmaßstäbe, die ein Elternpaar an den Kindern anbringt, sind meistens zahlreiche Komplikationen zu messen. Der Wille, der von den Eltern auf die Kinder wirksam gemacht wird, trifft geradewegs auf diejenigen Widerstände, die sich scheinbar selbst im Willen der Kinder befinden, sodass das Willensverhalten der Eltern mit dem Willensverhalten der Kinder schließlich doch nicht so harmonisch zusammenwirkt als es wünschenswert im äußeren Sinne wäre. Wenn zwei Willen sich begegnen, und dies sogar innerhalb einer Blutsgeneration, so gibt es meist mehr oder weniger größeres Konfliktpotential.

Nun gibt es aber auch so etwas, dass der Wille auf ganz andere Weise wirksam gemacht wird, indem dass man beispielsweise etwas will und doch nicht will und in eine Art, wie das Viktor Frankl bezeichnet hat, paradoxe Intention hineingeführt wird, sodass, wenn man diese Methode auf die Erziehung überträgt, dem Kinde plötzlich etwas ganz anderes gesagt wird als wie in den üblichen Maßstäben der Erziehung beispielsweise wurzelt, sodass die Eltern etwas anderes vorgeben als wie sie wirklich wollen. Diese paradoxe Intention kann verschiedene Erfolgsaussichten geben, da plötzlich das äußere Willensgefüge, die antagonistischen Verhaltensweisen durch ein ganz anderes Umgehen im Miteinander unterbrochen werden. Die Beobachtungen, die Viktor Frankl im Sinne der Entwicklung der paradoxen Intention gemacht hat, sind ganz richtig, sie sind äußerlich ganz richtig, inniglich

In *anantāsana* erhebt sich die Arm- und Beindynamik
zu einem eleganten Dreieck.

Der Astralleib und der Rhythmus

Im Bogen zentriert sich die vitale Energie intensiv im *maṇipūra-cakra*. Durch diese Zentrierung streben die Beine dynamisch entgegen der Schwerkraft nach oben. Die Bewegung erfolgt nicht durch den Zug der Arme, sondern durch die intensive Streckung aus der Mitte des Rückens.

gesehen aber ist das Geheimnis nicht recht geoffenbart, es ist vor allem nicht recht bekannt, welche Dimensionen sich innerhalb dieser paradoxen Intention ereignen.

Die Wahrheit ist aber diejenige, dass es tatsächlich ein Willensgefüge gibt, ein Willensgefüge, das sich gar nicht so sehr in einer paradoxen Intention verwirklichen kann, das ist nur eine besondere Methodik des bewussten Heraustretens aus dem gewohnten Willensverhalten, sondern es ist so, dass es einen Willen gibt, der im bestmöglichen Sinne zur Entwicklung, zur Wahrheit, zur Wirklichkeit, zur Realität im Sinne des äußeren Lebens und im Sinne eines wirklich tiefen Liebes- oder Bewusstseinslebens vordringen möchte. Diesen Willen jedoch zu finden ist ein Geheimnis, da sich alle Äußerlichkeiten in der Regel diesem Willen erst einmal widersetzen. So gesehen ist es eine auffällige Beobachtung, die jeder Erziehende bei seinen Kindern miterleben kann, dass die Kinder, infolge der agonalen Triebe, mit dem Willen der Eltern in eine Kollision geraten.

Diese verschiedenen Willensverhältnisse innerhalb der Blutsverwandtschaft sind schon bezeichnend für das, dass sich die eigentliche tiefere, wahrere Entwicklung nicht so leicht finden lassen will. Nun gibt es aber manchmal ganz besondere Augenblicke in der Erziehung, die auch in der Beobachtung sicherlich jedem bekannt sind. Es gibt solche Augenblicke, dass willentlich im gegenseitigen Kampfe, im gegenseitigen Auf und Nieder mit Machtspielen und allerlei Tarnungsversuchen, Täuschungsmanövern und, wie sagt man, trickreichen Machenschaften kein äußerer Erfolg herbeizuführen ist, und plötzlich zu einer bestimmten Periode des Lebens aber lösen sich alle Spannungen auf und ein Verständnis im gegenseitigen Einvernehmen tritt in die Mitte. Der ersehnte Friede tritt aus unbekannten Gründen ein. Auch diese gnadenvollen, wünschenswerten Augenblicke gibt es, dass sich der Wille von Menschen plötzlich zu einer bestimmten Phase des Lebens sinnvoll fügt und erfüllt. In den meisten Fällen weiß man gar nicht, warum die plötzliche Versöhnung eintritt, aber es zeigt so manche Beobachtung, dass diese Geschehnisse ebenfalls gegeben sind und daher dem möglichen Tableau des Lebens entsprechen.

Was geschieht in der Auflösung von Zwiespälten im Allerinnersten? Betrachten wir die Menschen nicht nur nach den Kriterien des äußeren möglichen Erfolges, sondern nach dem tieferen Entwicklungsweg in der Seele, dann können wir davon ausgehen, dass es bestimmte Verhaltensweisen gibt, die durch das *karma* gebunden sind, aber die nur eine Zeitphase gebunden sind, solange bis sich eine Neuordnung oder eine ganz andere Fügung einstellt, sodass der Wille, nachdem er befreit ist, schließlich einmal eine viel tiefere Kraft und Macht nach vorne zu einem göttlichen Ganzen hervorbringt.

Das, was sich im Sonnengeflecht oder im *maṇipūra-cakra* in der Tiefe ständig aufspeichert, das ist dasjenige was wir im Astralleib finden. Es ist das Sonnengeflecht oder *maṇipūra-cakra* das Zentrum, das voller Willenskraft, voller vitaler Energien steckt, auch das wichtigste Zentrum, in dem sich die Kräfte des Astralleibes, die ganzen kosmischen Ströme von Sympathie und Antipathie sammeln. Es möchte eine göttliche Sympathie überwiegen über einer irdischen Antipathie.

Auf die Rhythmen bezogen innerhalb einer Übungsweise bedeutet dies, dass wir uns einer Art Wärmeverhältnis annähern, das sich im Innersten des Willens vorbereitet. Der Wille selbst will Wärme erzeugen. Der Wille ist in Verbindung mit dem Stoffwechselsystem. Das Stoffwechselsystem selbst erzeugt Wärme. Wenn wir sagen, woher kommt eine Energie, dann können wir beispielsweise diese Frage, wenn wir sie auf den Menschen und seine Glieder einmal beziehen, dahingehend beantworten, indem wir nach der Dreiheit gesehen, technisch erklären, die Energie kommt einmal aus den Verbrennungsprozessen, aus den Prozessen der Wärmebildung. Indem Wärme freigesetzt wird, entsteht zumindestens auf der physiologischen Grundlage eine Energie. Diese Energie entfacht den Willen. Der Wille strebt in der Aktivität nach außen. Wie, in welcher Qualität, in welcher Dimension sich der Wille in das gesamte soziale und moralische Leben hineinrichtet, ist den gesamten edukativen Voraussetzungen des Daseins unterworfen.

Indem wir diese Übungen ausführen, beispielsweise die Pflugstellung oder die liegende Dreiecksposition, *anantāsana*, mit der anschließenden Bogenstellung, *dhanurāsana*, erwacht in uns ein feinfühligstes Empfinden für die Harmonie des Willens und es erwacht auch das Gefühl für uns, dass wir selbst uns der Wärme oder dem Iche ständig erweiternd annähern. Es ist ein tiefes Drängen, ein tiefes Begehren, das sich in dieser verborgenen Vitalität und Spannkraft des *maṇipūra-cakra* befindet und das damit zur ersten wahrnehmenden Kenntnis in meditativer, leiser Ahnung in die Mitte rückt oder damit ein erster freier, progressiver, innerlich sanfter Ausdruck entsteht, indem wir spüren, dass mit dem Willen Wärme und geführte Schöpferkraft lebt. Wir spüren förmlich wie Wärme lebt, die sich in einer ganz besonderen Fügung eines Gesamten ausdehnen möchte.

So ist es nicht ganz unwichtig, wenn wir diese Stellungen aufbauen, uns zu einer entsprechenden rhythmischen Anordnung zu erziehen. Innerhalb der Einzelübung kann bereits die rhythmische Ausgestaltung nach Harmoniegesetzen erfolgen. Innerhalb der Anordnung von zwei, drei oder mehreren Stellungen kann ebenfalls eine rhythmische Entwicklung beachtet werden. Diese rhythmische Folge ist eine Aufbauleistung, die den Astralleib tendenziell sinnvoll harmonisiert und die Sympathiekräfte im Inneren progressiv anhebt. Aufgrund dieser Anhebung der Sympathiekräfte entsteht eine angenehme Stärkung des Willens und gleichzeitig eine Förderleistung für die Gesundheit.

Ein Yogalehrer, der gerade diese Empfindung kennt die mit dem *maṇipūra-cakra* in Verbindung steht und der auf diese Weise einigermaßen günstig die Stellungen demonstrieren kann, sie auch exoterisch interpretieren lernt wie auch in der rechten Technik und Ordnung anleiten kann, bewirkt sehr viel Heilsames für seine Teilnehmer. Er kann sie gesundheitlich im richtigen, bewussten, progressiven Sinne stärken. Er kann ihnen Empfindungen nahe führen, die sie wirklich von innen heraus aufbauen, die die Selbstkraft von innen fördern. Es ist dann nicht mehr nur durch die Übung und durch die Technik und die daraus entstehende Energie eine Aufbauleistung geschehen, sondern es wird die Aufbauleistung tatsächlich von der Seele des Lehrers mit Hilfe der Übung auf die Seele des Teilnehmer geführt.

Der Astralleib und der Rhythmus

Der Unterschied ist so bedeutungsvoll. Es kann in der Übung der obligatorische Fehler eintreten, das wurde bereits angeführt, über den Körper eine Energie freizusetzen und mit Hilfe dieser Energie, die über den Körper freigesetzt wird, schließlich das psychische Hoffen zu entfachen, dass wir besser in eine Meditation oder zumindestens besser im Leben zurechtkommen würden.

Die Tatsache, dass es körperliche Energien und eine vitale Steigerung, sogar eine psychische Steigerung gibt, ist unbestritten. Wenn wir Yoga-Übungen praktizieren, können wir unser Nervensystem beruhigen und können wir Energien erbauen, die uns schließlich förderlich zu Hilfe eilen. Es sollte aber um des seelischen, geistigen Wachstums dieser Prozess möglichst gering bleiben, denn die wirkliche Förderung unserer Inkarnation ist diejenige, dass wir ganz frei, ohne Unterstützung fremder Energien, zu einem seelisch-geistigen Wachstum gelangen. Es ist eine Forderung im Leben gegeben, die sich im Moment der Sache vielleicht etwas eigenartig anfühlt. Wir dürfen nicht die Körperenergien und alles, was wir aus dem Körper nehmen können, auferwecken, zu einem Hilfsmittel verwenden, um zu den geistigen Wahrheiten im Sinne einer Meditation oder im Sinne einer Erkenntnis zu gelangen, wir dürfen sie nicht nützen. Wir dürfen all diese Kräfte von uns selbst nicht verwenden.

Wesentlich ist es, dass wir die Kräfte der Seele so mobilisieren lernen, frei von Körperenergien, dass wir zur Erkenntnis und zur Führung des Daseins über eine größere, göttlich-geistige Dimension gelangen. Diese Forderung müssen wir uns in einer ordentlichen Geistschulung aneignen. Wenn wir dieser Forderung nicht gerecht werden, so werden wir uns mehr oder weniger immer in eine Art Verblendung, in ein *moha*, in eine Art Benebelung der eigenen Aura einkleiden. Wir glauben gar nicht, wie wir uns durch die eigenen Körperenergien von dem Zielpunkt der Wirklichkeit und von der wahren Erkenntnisfindung ablenken können.

Die Entwicklung von rhythmischen Strukturen innerhalb der *āsana*, das Erleben rhythmischer Verhältnisse im Inneren, die zur Wärme förderlich wirken, zum Aufbau von Wärme und innerer Bewusstseinsprogressivität wirken, ist eine ganz spezielle Erlebensweise, die wir auch als Harmonie erleben können. Indem wir dieses Harmonieerleben richtig kennenlernen, entwickelt sich auch automatisch die Sehnsucht nach Bewegungsdrang. Es wird aufgrund dieses Harmonieerlebens mit Hilfe rhythmischer Strukturen und mit dem Erwachen des Wärmeelementes der Drang kommen, sich in die Bewegungen mit aufbauenden Spannungen hineinzugeben. Wir schulen dann nicht nur Spannkraft, sondern die innerste Willensdynamik zur Entwicklung immer größer werdender Weite. Dieses Erleben ist tatsächlich ein Erleben, das wir auch ganz besonders dann vorfinden im Sinne einer freudigen Aktivität. Aktivität, wenn sie auf gesunde und zentrierte Weise angesetzt werden kann, auf eine Weise, die von innen heraus strömt, Harmonie mit den eigenen Gesetzen und mit den kosmischen Gesetzen sucht, führt zu einem Erleben von glücklicher Stimmung und glücklicher Kraft. Wir erleben dann im Innersten unseres Gemütes, dass wir mit der Welt, mit den verschiedenen Objekten in der Welt, mit den Mitmenschen und mit uns selbst rhythmisch aufeinander abgestimmt sind und können damit in einem ersten Sinne glücklich sein. Das Erleben des *maṇipūra-cakra* ist auch dieser glücklichen, erbauenden, gesundheitsförderlichen, aktiven, freudigen Stimmung gewidmet. So gesehen, können wir bei allen Stellungen die dem dritten Zentrum entsprechen, eine lebendige, rhythmische Aufbaudynamik mit seelischer, sympathischer Progressivität verspüren.

Die wache, progressive Ausstrahlung des Willens unterscheidet sich qualitativ von dem üblichen, gewohnten, körperabhängigen Bewegungsdrängen. Der unterschiedliche Gedanke über das *maṇipūra-cakra* ist deshalb wertvoll, da er geradewegs an dieses tiefe, eigentlich immer widersprüchlich erscheinende Verhalten des Willens appelliert. Wenn wir mit dem gewohnten, triebhaften oder automatisierten Willen im Leben stehen, dann wird, so wissen wir dies aus der Erfahrung, uns der Wille selbst durch seine in sich verkehrt gerichtete Richtung oftmals zu einem schicksalshaften Verlauf. Indem wir aber diesen wachen, progressiven Willen kennenlernen und diesen feinsten Begehrensdrang wirklich entdecken, dieses Begehren in seiner mehr goldig-feurigen Glut entdecken – es ist wirklich im wahrsten Sinn nichts Rotes, sondern goldig-feurig – umkleidet uns dieser Begehrensdrang und er wirkt so lebendig, so aktivierend und stabilisierend, dass er im wahrsten Sinne auch Berge versetzen kann. Wenn dieses Begehren im Innersten entdeckt wird, dann sind wir tatsächlich im Äußeren frei von den banalen Begehrenszugriffen.

Diese Freiheit die sich darin zeigt, entsteht aber nicht durch Askese, sondern sie entsteht, und das ist so wesentlich, durch eine rhythmische, in sich wohlgeordnete Aktivierung des Willenspotentials. Es sind naturgegeben Schritte zur Verwandlung erforderlich, dass dieses innere Begehrenspotential erschlossen werden kann, das zu einem wahren göttlichen Begehren einmal seine initiatorische Realisierung findet. Es müssen hierzu alle Faktoren ausgeschaltet werden die dem Leben und dem Suchen nach Wahrheit hinderlich entgegenstehen. Alle Abhängigkeiten beispielsweise müssen reduziert bis sogar eliminiert werden, sodass nur noch funktionale Abhängigkeiten bleiben, aber nicht mehr sinnliche, verhaftete, auf Angst beruhende Abhängigkeiten und es muss schließlich der Mut erfolgen, dass dem Leben produktiv begegnet wird, mit einem Drang, auch wirklich tätig, denkend und fühlend vorwärts zu gehen.

Indem ich euch solche Bilder schildere, wie dieses Verhältnis beispielsweise in der Sitzhaltung der Taube geschieht und wie der innerste Mensch in seiner Seele die Taube erleben muss und erleben wird, indem ich euch den Pflug auf diese Weise nach der inneren Willensgrundlage auseinandersetze und wieder hinzu diese Empfindung aufzeige, gebe ich euch Bilder, Bilder, die eine seelische und geistige Wahrheit in sich tragen. Diese Bilder sprechen aber, und das ist das eigentümliche, zu eurer Ich-Werdung, sie sprechen nämlich nicht zu euch als ganz gewöhnliche Menschen. Diese Bilder werden ergriffen von den Engeln, denn der Engel arbeitet zur Ich-Werdung und dieser fördert die zukünftige mögliche Weisheit und Liebe. Mit diesen Bildern wird der Engel im Innersten genährt. Indem ihr diese Gedanken aufgreift, freut sich am meisten der Engel in euch, denn er sagt sich, dass er damit endlich die rechte Nahrung bekommt, er sagt sich:

Lasse mich besser mehr wissen von diesen Gedanken, denn diese will ich nun weiter zu Bildern ausgestalten, jetzt habe ich Anregungen, und, diese Worte sind als Anregungen gegeben, jetzt habe ich Anregungen bekommen, sagt sich der Engel, und ich will nun weiter arbeiten, weiter diese Gedanken zu noch größeren Bildern ausgestalten, ich will meinen Astralleib im Inneren fördern, ich will diese Bilder so lebendig ausgestalten, dass damit Lichttätigkeit und sogar aufgrund dieser Lichttätigkeit Ich-Tätigkeit erfolgt.

Somit, wenn ich zu euch auf diese Weise spreche und euch auf praktische Weise Möglichkeiten anbiete, dann ist damit tatsächlich eine Dimension angeregt, die über das normale Gemütsleben hinausgeht. Es wird im wahrsten Sinne der Ich-Begehrende oder der nach dem Selbst strebende Mensch angesprochen. Wir tragen Kräfte in uns hinein, die wir zunächst nicht für das irdische Leben unmittelbar verwenden können. Nachdem wir aber diese Bilder ausgestaltet haben, nachdem wir produktiv mit diesen Inhalten gearbeitet haben und erste Erfahrungen bis hinein in den Willen oder zumindestens bis in die Gefühlsregion geschaffen haben, kann der Schritt erfolgen, dass wir diese Gedanken so transferieren, dass wir sie auch unseren Mitmenschen exoterisch mitteilen können. Wir können sie transferieren in eine Sprache und in eine Art Logik, die auch für den Kursteilnehmer verständlich ist. Wir verfälschen dann nicht die Wahrheit.

Die Problematik, die entsteht, ist eigentlich eine andere. Die Problematik ist diejenige, dass wir uns diesem Ich-Werden nicht ausreichend stellen und vielleicht gar nicht daran im nötigen Maße glauben und wir uns erhoffen, dass wir doch etwas auf materielle Weise besser in den Kurs hineinfinden und besser auch damit durch das Leben kommen. Es ist innerhalb der uns umgebenden materiellen Gesinnungsart der Glaube gegeben, dass man den Geist doch umgehen könnte. Dieser Glaube, den Geist zu umgehen, heißt auch, dass wir dem inneren Engel keine Nahrung zuführen wollen und gewissen anderen, bekannteren, schwereren, gediegeneren Mächten, die sich auch in uns befinden, die Nahrung zuführen. Wir würden dann einen gewissen Handel erhoffen – es spielt sich alles in der Seele im Geheimen ab –

mit Ahriman doch etwas besser durch das Leben hindurch gleiten zu können und den Geist einmal mit einer noch beschaulichen Kurve zu umgehen. Dieses Umgehen des Geistigen gelingt natürlich nicht zufriedenstellend. Wir müssen uns den Wahrheiten so gegenüberstellen, dass wir mit diesen Wahrheiten unmittelbar einmal direkt eins werden. Erst nehmen wir die Wahrheiten in Gedanken entgegen, wir zentrieren die Gedanken, bis diese Gedanken einmal bis in unser Gemüt vordringen und wir im Gemüt mit diesen Gedanken langsam eins werden. Es ist dann bereits der Ätherleib eingestimmt. Wenn wir aber dann noch weiter unser Gemüt verlebendigen, die Gedanken wiederholtermaßen im Leben pflegen, dann dringen diese Gedanken bis hinab in die Willensregion und sie werden einmal zu unserer Art Authentizität, sie werden wirklich in uns zu Kraft und Fülle. Wir werden mit Hilfe dieser Gedanken im Selbst gegründet und dadurch in der Vollmacht einer seelischen Autorität gegründet.

Den Geist dürfen wir aber nicht umgehen und wir müssen auf die Versuchungen achten, denn alle Wege im Leben sind durch verschiedenste Mächte der Ablenkung gekennzeichnet. Die Kurve, die so heimlich um die Anstrengung oder um das so sehr Unbekannte oder Außergewöhnliche gemacht werden will, soll nicht zu weit zugestanden werden. Wir müssen uns wirklich unmittelbar so auseinandersetzen mit diesen Gedanken, dass sie zu uns selbst, zur Seelennahrung werden, und damit auch unseren Engel ernähren, der im Aufbau des sympathisch gestimmten Astralleibes das Ich erzeugt. Das Ich kann nicht erzeugt werden, wenn wir es aus der bloß herkömmlichen Ausstrahlung der Organe und des Blutes nehmen wollen. Wir dürfen uns nicht der Illusion hingeben, dass wir aus den Persönlichkeitsstrukturen herkömmlicher Art allzu leicht ein Ich erzeugen können. Das Ich muss erzeugt werden, indem wir dieses innere Willensgefüge kennenlernen und damit die Kraft nach weisen, exakten, imaginativen Maßstäben fördern, dass die Engeldimension, die transzendente Dimension eines Wesens in uns erzeugt und genährt wird, die schließlich uns über die Schranken des arglistigen, gebundenen Daseins hinüberhebt.

Die Nieren und das feinstoffliche Luftelement

(eine Seelenübung)

Arco, den 2.11.2005

Es war gestern die Frage gestellt, wie verhält es sich mit der Individuation, wenn wir uns auf diesem Wege an Gedanken aus imaginativen und inspirativen Quellen hinwenden? Müssen wir, so war eine der Fragestellungen, nicht einige Gedanken selbst hervorbringen und diese für unser Leben aufbereiten oder müssen wir uns tatsächlich zunächst erst einmal in einer Art Nachahmung üben?

Es ist weder so, dass wir eigene Gedanken selbst hervorbringen müssen, noch ist es eine passive Nachahmung von Gedanken aus inspirierten Quellen. Es ist vielmehr bei der Übungsweise wichtig, dass die Hinwendung in solider, klarer, gegenwärtiger, denkender, willentlicher und empfindungsfreudiger Weise zu den Quellen und zu den inhaltsvollen Aussagen erfolgt und diese Inhalte eigenständig gedacht, eigenständig empfunden und in der Verwirklichung einmal gewollt werden. Diese Hinwendung ist außerordentlich wichtig, dass sie im richtigen Sinne verstanden wird, denn Hinwendung ist im edleren und vornehmeren Sinne niemals eine Selbstaufgabe, es ist niemals eine passive, blinde Nachfolge, ein passives Übernehmen von Gedanken oder ein bloßes Imitieren. Hinwendung ist eine Begegnung, eine Begegnung von dem was in uns selbst lebt und von dem was in dem Gedanken in geistigen Reichen lebt. Wir müssen davon ausgehen, dass alles Üben von Imaginationen aus dieser Begegnung von uns selbst zu anderweitig bisher gesagten Gedanken und ausgesprochenen imaginativen Gedanken entsteht. Diese Begegnung soll lebendig sein und wird, im richtigen Verständnis natürlich gesehen, durch die Lebendigkeit zu einer schöpferischen Erkraftung mit Freude und persönlicher Dignität führen. Wir gewinnen uns selbst indem wir diese Gedanken in der Begegnung erleben, selbst erforschen und diese Gedanken als Objekte oder inhaltsvolle Bewusstseinselemente konzentriert betrachten. Es entsteht durch diese Gedanken ein meditativer Ätherzustrom, denn der imaginative Gedanke oder sogar der inspirierte Gedanke besitzen in sich den Keim zur Meditation. Sie sind in ihrem innersten Sinne Meditationskraft und -stoff. Die Begegnung ist eine aktive, keine passive.

Nehmen wir das Beispiel: Wenn wir uns über die geistige Anatomie weiterbilden und ein meditatives Erleben für die Nierenorganisation entwickeln wollen, dann müssen wir die Gedanken aus den bisher ausgesprochenen Quellen nehmen. Wir müssen uns in der Lektüre üben und die wichtigsten Gedanken einmal vergegenwärtigen, sie schließlich zu einer Übung entwickeln und in der Übung die Gedanken durch Konzentration zur Mitte erheben. Wir begegnen damit auf intensivere Weise, wie das gewöhnlich beim Lesen ist, den Gedanken. Wir begegnen uns selbst in unserem bisherigen Wissen oder bisherigen Stand und treten gewissermaßen dem imaginativen Gedanken gegenüber. Damit entsteht erst einmal ein duales Verhältnis, ein Verhältnis von unserem eigenen bisherigen Ich zu dem fremden Ich, denn es ist die Imagination zunächst ein fremdes Ich. Der imaginative Gedanke trägt ein Ich. Es entsteht dieses vorerst gegebene spannungsgeladene Gegenüber. Durch die Konzentration wird nun die Betrachtung aktiv fortgesetzt.

Alle Störeinflüsse sollen während der Konzentrationsübung außerhalb bleiben. Alle Störeinflüsse, die sich beispielsweise durch Assoziationen, Fragen, durch eigenes Wissen auf das Objekt der Meditation und auf den Leitsatz der Meditation hinüberprojizieren, müssen zurückgewiesen werden. Wenn wir beispielsweise die Nierenorganisation kennenlernen wollen und uns dabei die Frage vergegenwärtigen: Die Niere ist dem Luftorganismus eigen, dem feinstofflichen Luftelement, das eines der vier Elemente ist die im Ätherleib gegründet sind. Diesen Meditationssatz ergänzen wir schließlich mit dem weiteren Hinweis, der ebenfalls imaginativer Art ist: Der Luftorganismus trägt in sich empfindsame Bewegung.

Das innere Begegnungsverhältnis, das in der Übung stattfindet, soll im richtigen Sinne und in einer klaren Formung aufrechterhalten werden. Der Wille dient nicht dazu, das Objekt zu umschließen, zu umgreifen und es im Sinne eines Erfolges unmittelbar anzugehen. Der Wille soll nicht zugreifen. Der Wille dient dazu, dass alles nicht Zugehörige, nicht Angemessene, alle nicht assoziierten Bilder zurückgewiesen werden und immer wieder der eigentliche Grundgedanke als wesentlicher Gedanke in die Mitte gebracht wird. Gefühle können walten, jedoch dürfen Gefühle ebenfalls das Meditationsobjekt nicht vereinnahmen. Gefühle der Müdigkeit, der Lust oder Unlust müssen ebenfalls an die richtige Stelle zum Leibe, wo sie hingehören, zurückgewiesen werden. Schließlich bleibt nur die relativ empfindsame, klare und emotionsfreie Übung des Gedankenbewahrens übrig. Der Gedanke wird aufrechterhalten, bewahrt und in der Gegenwart festgehalten.

Diese Übung, die zunächst einmal relativ einfach erscheint, ist jedoch schwierig, da sich der Gedanke dem eigentlichen Denkprozess verschließen möchte. Wie bereits angeführt, ist dieser Gedanke in sich als Lichtkeim oder Imagination noch umschlossen von ganz anderen menschlichen Vorstellungen oder menschlichen Emotionen. Erst durch konzentrierte Ausdauer und Wiederholung entsteht es, dass dieser Gedanke als Gedanke selbst einmal erlebt wird. Er wird nicht als Wille erlebt, nicht als Gemüthaftes erlebt, sondern er wird einmal als Gedanke erlebt. Wenn der Gedanke als Gedanke erlebt wird, dann sind wir bereits in der richtigen Konzentration angekommen und wir spüren dann, dass der Gedanke sich zu uns hinwendet, dass er sich aussprechen möchte. Freilich ist es in den meisten Fällen noch schwierig, dass sich dieser Gedanke richtig verkündet, denn wir merken nur einmal eine Ordnung im Seelenleib und merken, dass dieser Gedanke etwas für sich darstellt. Wir gewinnen noch nicht ganz die richtige Weisheit. Noch bleibt uns der eigentliche imaginative Teil verschlossen, das *bīja*, der Same, der als reine Wahrheit oder Weisheit in diesen Sätzen lebt, bleibt meist noch nicht für das Bewusstsein verfügbar. Es stellt sich aber bei etwas klarerer Betrachtung schon die Ahnung ein, dass der Gedanke als ein *bīja* lebt, er lebt, er strahlt, er wartet auf seine Verkündigung, er will sich aussprechen.

Die Nieren und das feinstoffliche Luftelement

Wir können sogar sicher sein, dass die Gedanken die wir wirklich auf diese Weise zur Mitte erheben, sich zur rechten Zeit einmal für unser Leben aussprechen werden. Sie werden sich vielleicht nicht sofort aussprechen. Vielleicht dauert es bei einem sehr lange, bei einem anderen weniger lange, aber sie werden sich zu irgendeiner Phase einmal aussprechen. Spätestens mit dem Tode, da können wir uns sogar sicher sein, sprechen sich die Gedanken aus – aber ich brauche niemand hier auf die Zeit nach dem Tode vertrösten, denn wenn jeder gut übt, dann wird er die Erfahrungen mit Sicherheit schon einige Zeit früher gewinnen.

Gestern war die Frage gestellt, wie verhält es sich mit der Individualität, wenn wir auf diese Weise üben? Die Individualität wird ausgesprochen gestärkt, da wir ein Gegenüber erbauen von unserem eigenen Ich, von unseren Gemütsempfindungen zu dem Gedanken. Indem ein Gegenüber erwacht, indem wir dieses Gegenüber heranbilden, muss sich die Individualität stärken. Alle Individualität stärkt sich nicht durch schnellfertige mystische Versenkung oder Einswerdung, sondern durch ein konfrontatives Gegenübertreten, durch ein lebendiges Sich-Gegenüberstellen zum eigenen Denken und zum Gedanken selbst. Ganz besonders wird die Individualität herausgefordert zum profunden Erkraften, wenn der Gedanke keinen Nutzwert hat, sondern der Gedanke selbst in sich ein kleines Mysterium verbirgt, eine Wahrheitsaussage verbirgt. Denn wir wissen, dass wir selbst durch äußeres Willenszutun, durch äußeres intellektuelles Assimilieren diesen Gedanken nicht wirklich verstehen können. So müssen wir uns gerade mit den Imaginationen und Inspirationen auf eine Weise der empfindsamen Hinwendung üben, des Konfrontierens oder des Konzentrierens üben, die eine so geartete ist, dass gerade der individuelle Aufstieg von unseren Seelenkräften herausgefordert wird.

Dennoch spricht sich auch diese neue Welt aus. Die Imagination spricht sich aus. Indem sich eine Imagination ausspricht, das wurde gestern erklärt, gewinnt die Aura des Menschen Bewegtheit und bessere Farbentönungen. Es zieht der Kosmos herein in den Menschen.

Der Mensch wird nicht bei sich nur in einem engen persönlichen Dasein gegründet, er erweitert sich in seinem persönlichen Verständnis und er wird sich nicht nur in diesem Sinne an eine Person ketten, beispielsweise an die Person, die die Imaginationen und Inspirationen erstmals ausgesprochen hat, sondern er wird darüber hinaus sich in einem überpersönlichen Verhältnis bewegen. Alle Imaginationen und Inspirationen beschäftigen sich nicht mehr mit Fleisch und Blut, nicht mehr mit den nur persönlichen begrenzenden Daseinsbedingungen, sondern sie sind herausgewoben aus den Weisheitsquellen des Kosmos, aus den höheren Weisheitsdimensionen. Da sich diese Hinwendung auf der einen Seite persönlich und zu persönlich ausgesprochenen Gedanken bewegt, aber diese Gedanken eben größerer Art sind, ist damit weiterhin diese Öffnung in ein überpersönliches und freieres Dasein gegeben. Die Individualität wächst aus ihren engen Schranken empor und gewinnt Farbenerscheinungen, Einstrahlungen und geometrische Formen, die sehr harmonisch sind und die an ein zunehmendes kosmisches Erkraften erinnern.

Normalerweise dauert es bei einer Übung drei Tage bis eine Imagination lebendig und seelenvoll erfahrbar wird. Man muss auch gut üben, dass sie innerhalb von drei Tagen in der Seele mit angenehmem Geiste ankommt. Wir haben jetzt zum zweiten Mal diese Übung über die Nieren aufgebaut. Indem wir diese Übung auf diese Weise geschaffen haben und die Willensverhältnisse, die Gemüts- und Gedankenverhältnisse bei uns etwas näher kennengelernt haben, entsteht so ein vages, leises, ahnendes Gefühl von der Wahrheit der Sache. Zunehmend entwickelt sich nämlich dasjenige, das der Imagination selbst entspricht. Es entwickelt sich ein Gefühl, dass der Gedanke Freude erzeugt, sensible, feine Freude, nicht emotionale Freude, sondern unhörbare, ungreifbare, fein sich verströmende Freude, gleichsam wie ein Stern, der am Himmel steht, der aber nicht unmittelbar ein grelles Licht trägt, der nur sehr, sehr zart zu der Seele spricht. Aber diese Freude verkündet sich in ersten Andeutungen. Indem wir diese Freude von vitaler und emotionaler Freude unterscheiden können, wissen wir, dass wir auf dem richtigen Wege sind. Ganz leise trägt sich auch die Ahnung näher, wie eine Seele in diesen Imaginationen angelegt ist und wie Seelensubstanz, Seelenfreude und höhere Sinnesfreude in den Imaginationen lebt.

Rückwirkend auf den Körper spüren wir in der Regel ein Erkraften, meist ein zunehmendes Wachwerden und eventuell ein angenehmes Gesamtgefühl im Körper. Wenn wir uns sehr mit dem Willen angestrengt haben, können die Gefühle meist nicht harmonisch eintreten. Gelingt es uns aber, dass wir in den Gefühlen einigermaßen geordnet bleiben, den Willen an die richtige Stelle bringen und den Gedanken durch Aufmerksamkeit, wiederholte Ausdauer und Disziplin konzentriert bewahren, so entsteht jedenfalls immer eine Erkraftung. Trotz der Anstrengung, die manchmal bis zum Kampfe mit dem eigenen Inneren führen kann, entwickelt sich eine bessere Gesamtordnung.

Wir begegnen in der Übung, das wurde ebenfalls gestern ausgesprochen, der ahrimanischen Natur. Wir bekommen in der Regel Angst vor der Wahrheit im Offenbarwerden, vor der Wahrheit des Gedankens, vor der Verkündigung der Imagination. Da die ahrimanische Natur immer in der Übung gegenwärtig ist und wir sie ahnend berühren, vielleicht sogar direkt erleben, direkt erleben anhand unserer eigenen Gebundenheit, erkennen wir weiterhin, dass es wirklich immer eine gewisse Scheu vor größeren Dimensionen gibt.

Die Imagination verkündet sich aber dennoch so ganz leise wie ein nächtlicher Stern mit seinem Licht heran an unsere Seele. Beispielsweise kann man gerade dasjenige was in der Imagination liegt, erspüren. Es kann in Bezug auf die Übung mit den Nieren eintreten, dass der Übende bei sich stärker die Liebe im Gedanken wahrnimmt und gleichzeitig die Peripherie des Körpers und er erlebt sich dabei empfindungsreicher und empfindungsfreudiger. Er erlebt, dass es eine Peripherie am Körper gibt, eine Haut, die sinnesfreudig ist. Von dieser Peripherie kann er das Innere unterscheiden, das mehr im tieferen Leiblichen gegründet ist und er kann eventuell auch spüren, dass er so aufgerichteter ist und er kann sehr häufig auch das Herzzentrum wahrnehmen.

Die Nieren geben gerade eine Sinnesfreude für den Menschen und die Nieren strahlen in der Regel durch die Augen in der Kontaktfreudigkeit. Die Freude der Bewegung, des Kontaktes, des Sehens, des Erlebens strahlt durch die Augen. Das ist eine Substanz, die aus den Nieren kommt. Es ist eine besondere Lebenskraft. Die Sinnesfreude aber ist auch an der Peripherie des Körpers, an den Tast- und Wahrnehmungsverhältnissen der Haut zu spüren und ist ebenfalls auf die Nieren zurückzuführen. Wir würden sehr wenig empfinden, wenn wir nicht über die Haut, über die empfindsamen Tastorgane und Empfindungszellen der Haut die Umgebung wahrnehmen könnten. Die Nieren leben mit einem feineren Astralwirken in dieser Peripherie. Sie geben Sinnesfreude, Sinnesempfindungen und Sinneswahrnehmungen. Wir können direkt dasjenige aussprechen, was sich in dem Wort selbst befindet, die sinneslebendige, sinnesempfindsame Bewegung.

Was ist eine sinnesempfindsame Bewegung? Es ist ein Empfinden in einem Selbstgefühl in Wärme und Licht. Indem wir die höhere Bedeutung der Nieren erfahren wollen, können wir nicht umhin, als die Wesensnatur der Sympathie, die ein Teil des Astralleibes ist, kennenzulernen. Im Eiweißstoffwechsel, der in den Nieren, in den feinen Glomeruli eine sehr sensible Rückstrahlung auf den Körper gewinnt, atmet gewissermaßen das intensivste Lebenskräfteverhältnis. Ist dieser Prozess der Strahlkraft gesund, ausgeglichen und gut, erbauen sich innerste Wärme- und Lichtprozesse. Das menschliche Leben wird rhythmischer, leichter, freier und die aktiven Begegnungs- und Kommunikationsschritte gelingen leichter. Die Sinne treten sympathisch und freudig in Beziehung. Diese Sinnesfreude aus guten Lebensempfindungen erhält das Leben gesünder.

Für die Gesunderhaltung der Nieren müssen wir uns um eine wahre Sympathie zum Leben und zu den Mitmenschen bemühen. Indem wir uns für den Geist interessieren, werden wir sympathischer und sinnesfreudiger.

Das Empfinden ist aber nicht in den Tiefen des Leiblichen spürbar, sondern das Empfinden lässt sich an der Peripherie leichter erleben.

Die Nieren und das feinstoffliche Luftelement

Dann wenn wir beispielsweise das Ausgleiten der Gliedmaßen am Boden spüren oder das Ausgleiten der Arme gewissermaßen in den Gesamtluftraum, in den Raum selbst hinein, dann spüren wir förmlich die Haut, spüren förmlich empfindsam, wie unser Wesen aufgebaut ist. Es ist die Sympathie, das Interesse, die Freude an der Bewegung. Wir bemerken das, was der Luftorganismus nach seinem eigenen Triebe sucht. Wir leben uns in den Luftorganismus hinein. Der Luftorganismus ist Empfindungsorganismus. Wir spüren den Körper an der Peripherie und bemerken den Körper so, wie wenn ein leiser, feiner, empfindender Wind an uns vorbei streicheln würde. Wir bemerken förmlich dieses Empfinden, das über die verschiedenen Möglichkeiten der Tast- und Gefühlsorgane des peripheren Körpers gegeben ist.

Wenn die Nieren gut gegründet sind, atmet der Mensch mit Wärme und inniglicher Fülle, gleichsam wie ein in sich selbst bestehender, beseelter Luftorganismus. So wie er die äußere Peripherie mit empfindsamer Sinnesfreude wahrnimmt, so nehmen die Nieren im Inneren an der Berührung der Luft indirekt Anteil. Die Bewegungen, die der Übende dann ausführt, sind wie auf feinster Schwerelosigkeit getragen, beseelt, warm erfüllt in der Mitte des Leibes, offen und vollster Zurückhaltung. Die Weite, die aus der rhythmisch bereicherten Nierenatmung erwächst, ist nicht raumfordernd, sondern raumöffnend und sanft sprechend wie ein inniglich, pietätvolles Wort, sie ist in der Sinnesfreude nach außen und in der atmenden Wärme nach innen ein lebendiger, kräftigender Heilsausdruck zu den Mitmenschen.

So gesehen, kann sich bereits eine Übung auswirken indem wir zunehmend gewisse erste Empfindungen erfahren, obwohl wir vielleicht noch gar nicht so ganz genau im Gedanken den imaginativen oder den inspirativen letzten Eindruck gewinnen. Der Gedanke beginnt mit der Zeit zu sprechen. Er beginnt unsere Individualität zu bereichern, unser Wesen nach Körperempfindung und auch nach Bewusstheit und Gedankenleben ständig zu erweitern, zu veredeln, neu zu formen, zu transformieren, in jeder Weise zu verlebendigen. Diese Wirkungen entstehen aus der richtig gewählten Seelenübung.

Literaturhinweise

Ergänzende und weiterführende Fachliteratur:

Heinz Grill:

Die Seelendimension des Yoga
Praktische Grundlagen zu einem spirituellen Übungsweg

Ein Neuer Yogawille
und seine therapeutische Anwendung
bei Ängsten und Depressionen

Ein neuer Yogawille
für ein integratives Bewusstsein in Geist und Welt –
Praktische Umsetzung des Lichtseelenprozesses
nach Rudolf Steiner (Initiatorische Schulung, Band III)

Die Vergeistigung des Leibes
Ein künstlerisch-spiritueller Weg mit Yoga

Harmonie im Atmen
Vertiefung des Yoga-Übungsweges

Kosmos und Mensch
Ein Weg der Selbsterkenntnis und Selbstheilung durch
das Studium des Yoga, der Anatomie und Physiologie des Körpers

Die Gesunderhaltung des Brustorganismus

Die geistige Bedeutung der Dreiecksform

Das Herzzentrum in der ersten und zweiten Lebenshälfte

Die *āsana* im Lichte des Mars und der Venus

Die Seligkeit in der *āsana*

Die rhythmische Ich-Entwicklung

Das *svādhiṣṭhāna-cakra* und die fließende Bewegung

Der Zyklus des Rades – *cakrāsana*

Wirkungen der Übungen auf den Astralleib, Ätherleib
und physischen Leib

alle Lammers-Koll-Verlag, Vaihingen/Enz

Alle Bücher sind in unserem Webshop
www.yogabuecher.de erhältlich.

Autorenporträt

Heinz Grill, Heilpraktiker, Yogalehrer und spiritueller Lehrer, wurde 1960 in Soyen bei Wasserburg am Inn geboren.

Er begründete in den letzten zwei Jahrzehnten mit dem »Neuen Yogawillen« einen zeitgemäßen spirituellen Schulungsweg. Die verschiedenen von ihm entwickelten Bewusstseinsübungen dienen zur Weiterentwicklung des Seelenlebens und möchten ein künstlerisch-ästhetisches Empfinden der Menschen fördern.

Bis zum Jahr 1994 bildete Heinz Grill Yogalehrer aus, widmete sich danach zunehmend geistigen Forschungsarbeiten, die über den Yoga hinaus viele Gebiete des Lebens betreffen. Diese Erkenntnisse sind in zahlreichen Büchern und Broschüren veröffentlicht. Themen wie Heilkunde, Ernährung, Pädagogik, Erziehung und Selbsterziehung, Wirtschaft, Baukunst und Natur bieten viele Möglichkeiten zur Weiterentwicklung.

Diese Broschüre ist aus verschiedenen Vorträgen entstanden, der Wortlaut wurde möglichst in der Originalform belassen, um den Vortragscharakter zu bewahren.

Eine ausführliche Beschreibung über die Arbeit von Heinz Grill finden Sie im Internet unter *www.heinz-grill.de*.